BEI GRIN MACHT SICH IHR WISSEN BEZAHLT

- Wir veröffentlichen Ihre Hausarbeit,
  Bachelor- und Masterarbeit

- Ihr eigenes eBook und Buch -
  weltweit in allen wichtigen Shops

- Verdienen Sie an jedem Verkauf

Jetzt bei www.GRIN.com hochladen
und kostenlos publizieren

Bibliografische Information der Deutschen Nationalbibliothek:

Die Deutsche Bibliothek verzeichnet diese Publikation in der Deutschen National-bibliografie; detaillierte bibliografische Daten sind im Internet über http://dnb.d-nb.de/ abrufbar.

Impressum:

Copyright © 2020 GRIN Verlag
Druck und Bindung: Books on Demand GmbH, Norderstedt Germany
ISBN: 9783346197153

Dieses Buch bei GRIN:

https://www.grin.com/document/540191

Daline Ostermaier

Krankheitsfeld der Schizophrenie. Bewertung bei der Entstehung von Emotionen und Emotionale Intelligenz

GRIN Verlag

GRIN - Your knowledge has value

Der GRIN Verlag publiziert seit 1998 wissenschaftliche Arbeiten von Studenten, Hochschullehrern und anderen Akademikern als eBook und gedrucktes Buch. Die Verlagswebsite www.grin.com ist die ideale Plattform zur Veröffentlichung von Hausarbeiten, Abschlussarbeiten, wissenschaftlichen Aufsätzen, Dissertationen und Fachbüchern.

Besuchen Sie uns im Internet:

http://www.grin.com/

http://www.facebook.com/grincom

http://www.twitter.com/grin_com

Inhaltsverzeichnis

Abkürzungsverzeichnis

EI   Emotionale Intelligenz

WfbM   Werkstatt für behinderte Menschen

Tabellenverzeichnis

Anlagenverzeichnis

1. Das Krankheitsfeld der Schizophrenie, schizotypen und wahnhaften Störungen

Das Krankheitsfeld „Schizophrenie, schizotype und wahnhafte Störungen" (F2) beschreibt nach der ICD-10 eine Gruppe verschiedener Störungsbilder. Als wichtigstes Krankheitsbild dieser Kategorie wird die Schizophrenie (F20) betrachtet. Außerdem lassen sich die schizotype Störung (F21), die anhaltenden wahnhaften Störungen und eine größere Gruppe akuter vorübergehender psychotischer Störungen in dieses Krankheitsfeld einordnen.[1]

Im Folgenden soll genauer auf das Krankheitsbild der Schizophrenie (F20), der schizotypen (F21) und wahnhaften Störung (F22.0) eingegangen werden und Merkmale für das Krankheitsfeld, unter Hinzuziehung der ICD-10, dargestellt werden.

1.1 Schizophrenie

Unter der Kategorie Schizophrenie (F20) werden die häufigen Schizophrenieformen, einige seltenere Varianten der Schizophrenie und eng verwandte Störungen beschrieben.[2] Allgemein äußert sich Schizophrenie in tief greifenden Veränderungen im Erleben und Verhalten der Betroffenen und geht mit einer Vielzahl unterschiedlicher möglicher Symptome einher. Dabei ist zu beachten, dass keines der Symptome bei jedem Betroffenen auftritt, sodass sehr heterogene klinische Erscheinungsbilder als Schizophrenie diagnostiziert werden können. Des Weiteren unterteilt man die charakteristischen Symptome der Schizophrenie in positive Symptome, z. B. Wahn und Halluzinationen und negative Symptome, z. B. Affektstörungen und desorganisiertes Denken.[3]

---

[1]   Vgl. Dilling/Freyberger (2019), S. 91
[2]   Vgl. Dilling/Mombour/Schmidt/Schulte-Markwort (2016), S. 97
[3]   Vgl. Casper/Pjanic/Westermann (2018), S. 83

Nach der ICD-10 wird die Störung Schizophrenie (F20) in insgesamt neun verschiedene Subtypen untergliedert[4] und lässt sich darüber hinaus nach verschiedenen Verlaufsbildern differenzieren.[5]

Schizophrenietyp	Wichtige Symptome
Desorganisierter Typus	Unangemessene Verhaltensweisen und Emotionen; desorganisierte Sprechweise
Katatoner Typus	„Eingefrorenes", erstarrtes oder reizbares motorisches Verhalten
Paranoider Typus	Verfolgungs- oder Größenwahn
Undifferenzierter Typus	Verschiedene Symptome verschiedener Typen, verbunden mit Denkstörungen
Residualer Typus	Frei von Hauptsymptomen, aber mit Hinweis auf Weiterbestehen der Störung durch geringfügige Symptome

Tabelle 1: Auswahl an Subtypen schizophrener Störungen
(Quelle: eigene Darstellung, in Anlehnung an Gerrig (2018), S. 586)

Obige Tabelle zeigt beispielhaft eine Auswahl einiger Subtypen der Schizophrenie mit den wichtigsten Symptomen. Allerdings soll zur Vereinfachung und Übersichtlichkeit an dieser Stelle insbesondere auf Symptome eingegangen werden, welche allgemein auf das gesamte Krankheitsfeld der Schizophrenie, mit Ausnahme der Schizophrenia simplex F20.6, zutreffen. Die schizophrenen Störungen gehen allgemein mit grundlegenden Störungen des Denkens und der Wahrnehmung einher. Charakteristisch sind auch Affektstörungen, während Bewusstseinsklarheit und intellektuelle Fähigkeiten für gewöhnlich nicht beeinträchtigt sind. Zu den wichtigsten psychopathologischen Symptomen zählen Gedankenlautwerden, Gedankeneingebung oder Gedankenentzug, Gedankenausbreitung, Wahnwahrnehmung, Kontrollwahn, Beeinflussungswahn oder das Gefühl des Gemachten. Auch Stimmen, die in der dritten Person den Betroffenen kommentieren bzw. über ihn sprechen oder Denkstörungen sind mögliche Symptome.[6]

---

[4]   Siehe Anlage 1: Subtypen der Schizophrenie
[5]   Siehe Anlage 2: Verlaufsbilder schizophrener Störungen
[6]   Vgl. Dilling/Freyberger (2019), S. 93

Bezüglich des Verlaufs kann unterschieden werden zwischen einem kontinuierlichen und einem episodischen Verlauf mit zunehmenden oder stabilen Defiziten. Es können ebenso eine oder mehrere Episoden mit vollständiger oder unvollständiger Remission auftreten.[7]

1.2 Schizotype Störung

Nach der ICD-10 ist die schizotype Störung (F21) eine Störung, welche durch exzentrisches Verhalten und Anomalien des Denkens und der Stimmung geprägt ist und kann dadurch schizophren wirken. Allerdings ist die schizotype Störung dadurch gekennzeichnet, dass keine eindeutigen charakteristischen schizophrenen Symptome auftreten und nie aufgetreten sind.[8] Die Störung äußert sich in kaltem oder unangemessenem Affekt, Anhedonie und in eigentümlichem, exzentrischem Verhalten. Außerdem neigen Betroffene zu einer Tendenz zu sozialem Rückzug und zu paranoischen oder bizarren Ideen, welche allerdings nicht bis zu eigentlichen Wahnvorstellungen ausgeprägt sind. Des Weiteren treten zwanghaftes Grübeln, Denk- und Wahrnehmungsstörungen, sowie quasipsychotische Episoden mit intensiven Illusionen, akustischen oder anderen Halluzinationen und wahnähnlichen Ideen auf, meist ohne äußere Veranlassung. Für gewöhnlich entspricht die Entwicklung und der Verlauf einer Persönlichkeitsstörung.[9]

1.3 Wahnhafte Störung

Die „wahnhafte Störung" (F22.0) zählt, genauso wie die „sonstigen anhaltenden wahnhaften Störungen" (F22.8) und die „anhaltende wahnhafte Störung, nicht näher bezeichnet" (F22.9) zu dem übergeordneten Krankheitsfeld der „anhaltenden wahnhaften Störungen" (F22). Die wahnhafte Störung betrifft die Entwicklung eines einzelnen Wahns oder mehrerer aufeinander bezogener Wahninhalte, welche allgemein lange, in manchen Fällen lebenslang, andauern. Inhalte des Wahns oder eines Wahnsystems können sehr unterschiedlich sein. Wichtig ist, dass eindeutige Halluzinationen

---

[7]   Vgl. Dilling/Freyberger (2019), S. 93
[8]   Vgl. Dilling/Mombour/Schmidt (2015), S. 139
[9]   Vgl. Dilling/Freyberger (2019), S. 103

akustischer Art, weitere schizophrene Symptome, wie z. B. Kontrollwahn oder Affektverflachung, sowie eindeutige Gehirnerkrankungen eine Diagnose in den meisten Fällen ausschließen. Eine Ausnahme sind vorübergehende akustische Halluzinationen bei älteren Patienten. Solange diese Symptome nicht typisch schizophren wirken und in Relation zum klinischen Gesamtbild einen kleinen Teil ausmachen, muss die Diagnose nicht zwingend ausgeschlossen werden. Es ist möglich folgende spezifische Subtypen zu differenzieren: Verfolgungswahn, Querulantenwahn (Prozesssucht), Beziehungswahn, Größenwahn, hypochondrischer Wahn, Eifersuchtswahn, Liebeswahn.[10]

1.4 Berufliche Rehabilitation schizophrener Patienten

Um schizophrenen Patienten die Wiedereingliederung in ihre natürliche Umwelt zu ermöglichen, ist für gewöhnlich eine Rehabilitation nötig. Ein äußert wichtiger Aspekt der Rehabilitation ist vor allem die berufliche Rehabilitation. Sie bietet schizophrenen Patienten die Chance zur Ausübung einer geeigneten Beschäftigung.[11] Im Folgenden sollen Voraussetzungen erarbeitet werden, um schizophrenen Patienten eine Beschäftigung am ersten Arbeitsmarkt zu ermöglichen. Anschließend werden Vor- und Nachteile einer Beschäftigung in Werkstätten für behinderte Menschen (WfbM) diskutiert, um die Eignung als Rehabilitationsmaßnahme für schizophrene Patienten zu untersuchen.

Unterschieden wird grundsätzlich zwischen einer Beschäftigung auf dem ersten und dem zweiten Arbeitsmarkt. Der erste Arbeitsmarkt wird als der reguläre Arbeitsmarkt verstanden, welcher durch Arbeits- und Beschäftigungsverhältnisse ohne Zuschüsse geprägt ist, die ohne andere Förderungsmaßnahmen der aktiven Arbeitsmarktpolitik zustande kommen. Die Arbeitnehmer und Arbeitgeber beziehen keine staatlichen Leistungen, wie es bei dem zweiten Arbeitsmarkt der Fall ist. Dieser ist nämlich dadurch gekennzeichnet, dass er von der Arbeitsmarktpolitik mit Zuschüssen und anderen Maßnahmen gefördert wird. Menschen, die Schwierigkeiten haben, über den ersten

---

[10]   Vgl. Dilling/Freyberger (2019), S. 105
[11]   Vgl. Wittchen/Hoyer (2011), S. 848

Arbeitsmarkt eine Beschäftigung zu finden, wird mit diesen Maßnahmen geholfen, wieder in den ersten Arbeitsmarkt einzusteigen.[12]

Für Patienten mit Schizophrenie ist eine geregelte Beschäftigung von unschätzbarem Wert, da sie für gewöhnlich mit Selbstbewusstsein, Würde und sozialer Integrität einhergeht und darüber hinaus mit Wiedergesundung in Zusammenhang gebracht wird. Das übergeordnete Ziel der Rehabilitation ist meist die Beschäftigung auf dem ersten Arbeitsmarkt. Allerdings ist die Wiedereingliederung in den offenen Arbeitsmarkt eine große Herausforderung, welche etliche Hürden mit sich bringt. Daher bleibt die tatsächliche Umsetzung dieses Ziels eher eine Ausnahme.[13]

Damit ein Patient mit diagnostischer Schizophrenie einer geregelten Beschäftigung auf dem ersten Arbeitsmarkt nachgehen kann, müssen zunächst einige Voraussetzungen geschaffen werden. Ein Aspekt, welcher häufig die Chance auf eine geregelte Beschäftigung erheblich verringert, ist die Tatsache, dass Arbeitgeber Mitarbeiter mit entsprechenden Qualifikationen und einwandfreiem Lebenslauf suchen. Gleichzeitig können schizophrene Patienten diese Voraussetzungen v. a. dann nicht erfüllen, wenn die Störung ihren Anfang in der Teenagerzeit hat. Somit wird häufig der Bildungs- bzw. Karriereweg unterbrochen und der Einstieg in die Arbeitswelt erschwert. Daraus ergibt sich die Notwendigkeit schizophrene Patienten im Rahmen verschiedener Bildungs- und Förderungsmöglichkeiten auf eine geregelte Beschäftigung vorzubereiten. Neben der Berufsvorbereitung spielt ebenso die Beschäftigungsförderung eine wichtige Rolle. Patienten benötigen nicht nur eine Förderung zur Wiedereingliederung in die Berufswelt, sondern zusätzlich weiterführende Unterstützung, im Optimalfall, solange der Patient der Beschäftigung nachgeht.[14]
Eine dritte Voraussetzung ist mehr Toleranz gegenüber der Krankheit Schizophrenie. Die Einstellung der Mitmenschen zu der Störung und eine allgemein negative Sichtweise in den Medien und der Gesellschaft spiegelt sich folglich auch bei Arbeitgebern und Kollegen wider. Falsche Vorstellungen und Erwartungen bzw. fehlendes Verständnis, z. B. in Bezug auf die Fähigkeiten einer schizophrenen Person, können ein Arbeitsverhältnis stark einschränken.[15]

---

[12]   Vgl. Lexikon zur beruflichen Teilhabe: Allgemeiner Arbeitsmarkt (2018)
[13]   Vgl. Staedman (2015), S. 5-9
[14]   Vgl. Staedman (2015), S. 6-8
[15]   Vgl. Staedman (2015), S. 6

Schnell wird deshalb auf alternative Beschäftigungsmöglichkeiten auf dem zweiten Arbeitsmarkt zurückgegriffen, auch wenn diese für gewöhnlich keine optimale Option für schizophrene Patienten darstellt. Die häufigste Alternative zu einer Beschäftigung auf dem ersten Arbeitsmarkt ist eine Beschäftigung in Behindertenwerkstätten. Im Folgenden soll nun die Eignung der Behindertenwerkstätten als Rehabilitationsmaßnahme für Schizophrene Patienten diskutiert werden.

Die Unterbringung von geistig, seelisch und körperlich Behinderten in Werkstätten für behinderte Menschen (WfbM) dient grundlegend der Eingliederung in das Arbeitsleben. Das Ziel ist vor allem die Entwicklung, Erhöhung oder Wiedergewinnung der Leistungsfähigkeit und ein der Leistung angemessenes Arbeitsentgelt.

In der Praxis bringt jedoch schon die Aufnahme schizophrener Patienten in Behindertenwerkstätten Schwierigkeiten mit sich. Nach dem Schwerbehindertengesetz (§52, Abs. 3) werden nämlich ausschließlich Bewerber angenommen, welche ein „Mindestmaß an wirtschaftlich vertretbarer Arbeitsleistung" erbringen können. Diese Forderungen erfüllt leider nur ein Teil der schizophrenen Patienten.[16]

Betrachtet man nun das Verhältnis von Ziel und Ergebnis einer Werkstattbeschäftigung ergeben sich einige problematische Aspekte. Teilhabe und Anerkennung werden in der Gesellschaft meist als Voraussetzung für ein zufriedenstellendes Leben betrachtet. Um diese Ziele zu erreichen ist ein Zugang zur Erwerbstätigkeit von zentraler Bedeutung. Neben Anerkennung, Kompetenzerlebnissen und Co. soll die Beschäftigung in einer Behindertenwerkstatt außerdem eine Tagestrukturierung ermöglichen und den Beschäftigten einen geschützten Rahmen bieten. Das Problem von WfbM sind also nicht die Intentionen, sondern vielmehr die Umsetzung und die Wirksamkeit.[17]

Die Funktionen einer Erbstätigkeit lassen sich nämlich im Rahmen einer Werkstattbeschäftigung nur teilweise kompensieren. Das Schlüsselproblem hierbei ist der enorme Kontrast zu Arbeits- und Lebensverhältnissen außerhalb von Eingliederungshilfeleistungen. Daraus ergibt sich eine Distanz, die sich meist nichtmehr überwinden lässt. Die Ursache hierfür ist, dass WfbM Sondereinrichtungen, mit besonderen Arbeitsbedingungen und -orten, darstellen, die exklusiv behinderten Menschen mit voller Erwerbsminderung vorbehalten sind. Dieser Bruch fördert wiederum das Kategoriendenken, sodass Werksattbeschäftigte mit Isolation und

---

16   Vgl. Wittchen/Hoyer (2011), S. 849
17   Vgl. Schreiner (2017), S. 161

11

Ausgrenzung zu kämpfen haben.[18]

Darüber hinaus ermöglicht die Beschäftigung in einer Behindertenwerksatt nur den Erwerb eines sehr geringen Leistungsentgelts, sodass der oben genannte Effekt noch zusätzlich verstärkt wird.[19]

Nimmt man die Tatsache an, dass Behindertenwerkstätten überwiegend ihre Absichten verfehlen, stellt sich die Frage, ob WfbM insgesamt betrachtet als Rehabilitationsmaßnahmen angesehen werden können.

Denn das vorrangige Ziel, die Wiedereingliederung in den offenen Arbeitsmarkt zu ermöglichen, wird in nur sehr wenigen Fällen erreicht. Laut Bundesregierung beträgt die Erfolgsquote nur 0,2 Prozent.[20]

Trotz dieser negativen Aspekte hat sich die Beschäftigung in einer Behindertenwerkstatt als Standardoption für schizophrene Patienten etabliert. Schließlich werden WfbM durchgehend finanziert und haben sich zu einer Art Auffangbecken entwickelt.[21]

Zusammenfassend lässt sich sagen, dass die Beschäftigung in Behindertenwerkstätten, v. a. in Anbetracht fehlender Wirksamkeit und weiterer Defizite, keine ideale Lösung zur Arbeitsrehabilitation für schizophrene Patienten darstellt, doch leider meist die einzige Chance auf eine Teilnahme am Arbeitsleben sind. WfbM sind damit oft nur eine Ausweichmöglichkeit, wenn keine anderen Angebote zur Verfügung stehen.

---

[18]   Vgl. Schreiner (2017), S. 161
[19]   Vgl. Staedman (2015), S. 9
[20]   Vgl. Staedman (2015), S. 9
[21]   Vgl. Staedman (2015), S. 9

2. Bewertung bei der Entstehung von Emotionen

2.1 Kognitive Emotionstheorien

Den kognitiven Emotionstheorien ist gemein, dass Emotionen als das Ergebnis von Bewertungsprozessen gesehen werden. Wichtige Vertreter der kognitiven Bewertungstheorien sind beispielsweise Magda Arnold (1960; 1984), Richard Lazarus (1966; 1991; 1999) oder Klaus Scherer (1984; 1997). Die Zwei-Faktoren-Theorie von Schachter wird dabei als Bindeglied zwischen psychophysiologischen und kognitiven Bewertungstheorien betrachtet.[22]

Nach der Zwei-Faktoren-Theorie von Schachter und Singer (z.B. 1962) ist die Entstehung einer Emotion von dem Zusammenwirken sowohl der physiologischen Erregung als auch der kognitiven Bewertung abhängig. Dabei wird die Erregung meist der Bewertung direkt zugeschrieben. Es findet also eine Attribution der Erregung auf die Bewertung statt.[23] Vereinfacht ausgedrückt ist jegliche Erregung der erste Schritt in einer Emotionskette. Die körperliche Erregung wird interpretiert und eingeschätzt, um schließlich auf die Bedeutung der Reaktion und eine geeignete emotionale Bezeichnung zu schließen.[24] Eine identische physiologische Erregung kann in unterschiedlichen Situationen verschieden interpretiert werden, je nachdem welche Kognitionen zur Verfügung stehen.[25]

Allerdings kann es bei diesem Prozess ebenso zu Fehlattributionen von Emotionen kommen. So ist es z. B. möglich die Ursache eines physiologischen Erregungszustandes einer falschen Quelle zuzuschreiben.[26]

Die kognitiven Bewertungstheorie lassen sich darin unterscheiden, auf welchen Aspekt sich die Bewertung bezieht. Eine Gruppe von Bewertungstheorien, zu welcher u. a. die Zwei-Faktoren-Theorie von Schachter zählt, geht davon aus, dass die Bewertung der erlebten inneren physiologischen Erregung zur Entstehung einer Emotion führt. Daneben geht eine weitere Gruppe von Bewertungstheorien von einer Bewertung der äußeren

---

[22] Vgl. Brandstätter/Schüler/Puca/Lozo (2018), S. 214
[23] Vgl. Becker-Carus/Wendt (2017), S. 547-548;
Vgl. Schachter/Singer (1962), S.398
[24] Vgl. Gerrig (2018), S. 444;
Vgl. Schachter/Singer (1962), S. 398
[25] Vgl. Bak (2019), S. 170
[26] Vgl. Becker-Carus/Wendt (2017), S. 547-548

Situation aus. Erst diese Bewertung führt anschließend zum subjektiven Erleben einer Emotion und der damit verbundenen Erregung.[27]

Ein wichtiger Vertreter dieser zweiten Gruppe ist Richard Lazarus (1966, 1991, 1999). Er vertritt die Annahme, dass emotionales Erleben insbesondere aus der fortwährenden Auseinandersetzung mit der Umwelt entspringt.[28] Im Folgenden soll das Transaktionale Stressmodell von Lazarus hervorgehoben werden und insbesondere auf die Rolle von Bewertungen eingegangen werden. Darauf aufbauend werden Ansatzpunkte zur Bewältigung von Stress und die Wirksamkeit verschiedener „Coping"-Formen thematisiert.

2.2 Transaktionales Stressmodell von Lazarus

2.2.1 Rolle von Bewertungen

Richard Lazarus entwickelte das sogenannte transaktionale Stressmodell, welches das Entstehen von Stress und Emotionen, Einschätzung und Bewältigung verbindet. In seinen Arbeiten zu Emotionen und Stress (z.B. 1966, 1984, 1999) wird erläutert, wie Bewertungen den Entstehungsprozess von Stress und Emotionen beeinflussen.

Stress und auch Emotionen sind laut Lazarus das Ergebnis eines zweistufigen Einschätzungsprozesses. Zunächst wird eine Situation bzw. ein Ereignis im Rahmen der primären Einschätzung (primary appraisal) bewertet. Diese Einschätzung bezieht sich darauf, ob eine Situation eine negative oder positive Auswirkung auf unser Wohlergehen hat. Die Fragestellung im Rahmen der primären Einschätzung könnte lauten: „Stehen meine Ziele auf dem Spiel oder sind meine Grundwerte bedroht? Und wenn ja, welche Folgen hat das?"[29] Lazarus (1984) differenziert hierbei, ob ein Ereignis als irrelevant, harmlos-positiv oder stressig eingeschätzt wird. Stress kann wiederum in drei Formen wahrgenommen werden: Verlust/Schaden, Bedrohung oder Herausforderung. Die sekundäre Einschätzung (secondary appraisal) betrifft die Möglichkeiten zur Bewältigung der Anforderungen eines Ereignisses. Es wird demnach beurteilt, ob verfügbare Bewältigungsoptionen den beabsichtigten Effekt haben und welche

---

[27] Vgl. Becker-Carus/Wendt (2017), S. 549
[28] Vgl. Gerrig (2018), S. 444
[29] Vgl. Lazarus (1999), S. 76

Konsequenzen der Einsatz bestimmter Strategien hat.[30] Entscheidend für das Ausbleiben von negativen Emotionen und Stress ist die Verfügbarkeit von adäquaten Bewältigungsmöglichkeiten. Die Entwicklung von Emotionen ist jedoch dynamisch, da neue Informationen über ein Ereignis gesammelt werden und sich so die Bedürfnislage verändern kann. In Folge dessen kommt es immer wieder zu Neubewertungen der Situation (reappraisal), welche auch mit einer veränderten emotionalen Reaktion einhergehen können. Neubewertungen unterscheiden sich von Bewertungen lediglich darin, dass Neubewertungen stets auf eine frühere Bewertung folgen.[31]

Die Appraisal-Theorie beinhaltet außerdem die Vorstellung von spezifischen Bewertungsthemen (core relational themes). Lazarus (1991) geht davon aus, dass eine kleine Anzahl relevanter Bewertungsthemen (z. B. Hoffnung, Erfolg, Bedrohung, Verlust) die Person-Umwelt-Beziehung beschreibt und somit das Ergebnis des Bewertungsprozesses in einen größeren Person-Umwelt-Zusammenhang stellt. Jedes Bewertungsthema wird mit bestimmten Emotionen assoziiert und jede Emotion bzw. Emotionsgruppe über das Bewertungsthema definiert. Das Bewertungsthema Bedrohung geht z. B. mit Angst einher und das Bewertungsthema Verlust mit Traurigkeit.[32]

2.2.2 Ansatzpunkte zur Bewältigung von Stress

Lazarus (1984) schlägt alternativ zu traditionellen Modellen vor, Coping als Prozess und weniger als Konzept zu betrachten.

„We defined coping as constantly changing cognitive and behavioral efforts to manage specific external and/or internal demands that are appraised as taxing or exceeding the resources of the person."[33]

Unter Coping versteht er also vereinfacht ausgedrückt alle Bemühungen, um psychologischen Stress zu bewältigen. Die sich stetig verändernden Bemühungen werden ungeachtet des Ausgangs oder der Folgen als Coping angesehen. Die Theorie

---

[30]   Vgl. Lazarus/Folkman (1984), S. 53
[31]   Vgl. Brandstätter et al. (2018), S. 212;
        Vgl. Bak (2019), S. 171;
        Vgl. Lazarus (1984), S. 53
[32]   Vgl. Bak (2019), S. 171; Vgl. Lazarus (1991), S. 121
[33]   Lazarus/Folkman (1984), S. 178

differenziert dabei zwischen bewussten Coping-Bemühungen und unbewusstem, adaptivem Verhalten.[34]

Darüber hinaus wird zwischen zwei Arten des Copings unterschieden, welche jeweils eine unterschiedliche Funktion erfüllen. Das Problem-orientierte Coping erfüllt den Zweck, ein Problem aktiv zu beseitigen, also das Ereignis, welches seelisches Leid hervorruft zu verändern. Das Emotions-orientierte Coping zielt auf die Regulation der emotionalen Reaktion auf die Person-Umwelt-Beziehung ab, um sich dieser anzupassen. Das heißt, das Emotions-orientierte oder kognitive Coping ruft eine veränderte Interpretation der Person-Umwelt-Beziehung hervor und fokussiert dabei eher die Art und Weise zu denken als die Art und Weise zu handeln. Somit verändert sich nur die Bewertung des Ereignisses, nicht aber die Situation selbst.[35]

Zu beachten ist außerdem, dass es eine Überschneidung gibt zwischen kognitivem Coping und der Neubewertung beim Einschätzungsprozess, welche bei der Emotionsentstehung eine Rolle spielt. Eine Form des emotionsbasierten Copings ist nämlich die defensive Neubewertung (defensive reappraisal). Sie unterscheidet sich von der gewöhnlichen Neubewertung in dem Aspekt, dass defensive Neubewertungen stets selbst erzeugt sind, also von eigenen Bedürfnissen der Person hervorgerufen werden. Das Ziel ist es, ein Ereignis aktiv als harmloser und weniger gefährdend einzuschätzen, um eine zunächst bedrohlich wirkende Situation zu bewältigen und sich ihr anzupassen.[36]

2.2.3 Wirksamkeit verschiedener „Coping"-Formen

Coping-Formen bzw. Strategien nach ihrer Wirksamkeit zu klassifizieren ist laut Lazarus (1984) wenig sinnvoll. Oft werden bestimmte Strategien in eine Hierarchie eingeordnet oder grundlegend als gut oder schlecht, bzw. wirksam oder unwirksam definiert. Um die Wirksamkeit einer Copingstrategie zu erfassen, ist es notwendig die Möglichkeit in Betracht zu ziehen, dass jede Coping-Form erfolgreich sein kann. Die Wirksamkeit ist nämlich insbesondere von der spezifischen Situation und Person abhängig und nicht in

---

[34]   Vgl. Lazarus/Folkman (1984), S. 178; Vgl. Lazarus (1999), S. 110-111
[35]   Vgl. Lazarus (1991), S. 112;
       Vgl. Lazarus/Folkman (1984), S. 179
[36]   Vgl. Lazarus (1991), S. 113;
       Vgl. Lazarus (1999), 38

16

erster Linie von der Art des Copings. Besonderes Augenmerk muss dabei auch auf die Kombination der verschiedenen Einflussfaktoren gelegt werden.[37]

Häufig wird z. B. Vermeidungsverhalten mit Ineffektivität assoziiert und Konfrontationsverhalten als effektive Coping-Strategie dargestellt. Allerdings geht Lazarus (1984) davon aus, dass das Leugnen bzw. Vermeiden eines Problems oder einer Situation in einem gewissen Kontext insgesamt wirksamer sein kann als das aktive Angehen eines Problems. Insgesamt steht Lazarus der Klassifizierung nach der Wirksamkeit verschiedener Coping-Formen kritisch gegenüber und betont, dass keine Strategie grundsätzlich als gut oder schlecht zu betrachten ist.[38]

3. Emotionale Intelligenz (EI)

3.1 Das Konzept der emotionalen Intelligenz

Ein einheitliches Konzept der emotionalen Intelligenz (EI) gibt es nicht. Die Definition des Begriffs „Emotionale Intelligenz" umfasst je nach Autor und Kontext unterschiedliche Aspekte. Die erste Formulierung des Konzepts der EI geht auf Salovey und Mayer (1990) zurück. Bekanntheit gewann das Konzept der EI v. a. durch die Veröffentlichung des Buchs „Emotionale Intelligenz" des Journalisten Daniel Goleman (1995), welcher die Thematik im organisationalen Kontext beleuchtete.[39] Sehr allgemein ausgedrückt, kann man die EI als Fähigkeit zum Umgang mit eigenen Emotionen und den Emotionen anderer verstehen.[40] Im Folgenden sollen die Konzepte von Salovey & Mayer (1990) und von Goleman (1995) näher behandelt werden, um beispielhaft die zwei populärsten aber auch unterschiedlichen Definitionen der EI vorzustellen.

Salovey & Mayer beschreiben die EI als Teilaspekt der sozialen Intelligenz.[41] Ursprünglich wird der Begriff als „[...] ability to monitor one's own and others' feelings and emotions to discriminate among them and to use this information to guide one's thinking

---

[37]   Vgl. Lazarus/Folkman (1984), S. 133-138
[38]   Vgl. Lazarus/Folkman (1984), S.133-138
[39]   Vgl. Landes/Steiner (2017), S. 73
[40]   Vgl. Asendorpf (2019), S. 110;
[41]   Vgl. Zehetner (2019), S. 47

and actions." definiert.[42] Dieser Definition lässt sich entnehmen, dass Salovey & Mayer die emotionale Intelligenz als Fähigkeit, im Sinne eines Talents bzw. einer Begabung, betrachten. Daher zählt dieses Konzept zu den sogenannten „ability models" der EI.[43]

Die EI umfasst nach dem Konzept von Salovey & Mayer (1990) außerdem drei konzeptuell verwandte mentale Prozesse. Das Erkennen und der Ausdruck von Emotionen, die Regulation von Emotionen und die Adaptive Nutzung.[44] Darauf aufbauend lässt sich die EI nach dem „Vier-Phasen-Modell" („four-branch-model") von Salovey & Mayer (1990) in vier Dimensionen unterteilen:

1. Wahrnehmung und Ausdruck von Emotionen,
2. Denken mit Emotionen,
3. Verstehen und Analysieren von Emotionen und
4. Verwaltung und Regulierung von Emotionen.[45]

Zur Erfassung dieser Fähigkeitsbereiche erarbeiteten Mayer, Salovey, Caruso und Sitarenios (2003) den Mayer-Salovey-Caruso Emotional Intelligence Test (MSCEIT). Es werden hypothetische emotionale Situationen geschildert, zu welchen jeweils unterschiedliche Antwortmöglichkeiten vorgegeben werden. Die Aufgabe der Befragten besteht darin die Antwort auszuwählen, welche „kompetentes" und angemessenes Verhalten darstellt.[46]

Goleman (1995) geht in seinem Buch „Emotionale Intelligenz" auf die Relevanz der Thematik im beruflichen Kontext ein. Die EI steht nach dieser Auffassung im konkreten Zusammenhang mit berufsbezogenen Tätigkeiten und beeinflusst damit die berufliche Leistung. Speziell für gute Führungspersönlichkeiten stellt die EI eine Voraussetzung dar.[47]

Goleman sieht die EI als Fähigkeit, die es ermöglicht die eigenen Gefühle und die anderer zu erfassen, sich selbst zu motivieren und gut mit den eigenen Emotionen auch im Rahmen von Beziehungen umzugehen.[48] Abzugrenzen ist die EI von der Emotionalen

---

[42]   Salovey/Mayer (1990), S. 189
[43]   Vgl. Zehetner (2019), S. 49
[44]   Vgl. Bosley/Kasten (2018), S. 42;
         Siehe Anlage 4: Emotionale Intelligenz nach Salovey & Mayer (1990)
[45]   Vgl. Bosley/Kasten (2018), 43
[46]   Vgl. Neyer/Asendorpf (2018), S. 169
[47]   Vgl. Becker-Carus/Wendt (2017), S. 551;
         Vgl. Zehetner (2019), S. 47
[48]   Vgl. Bosley/Kasten (2018), S. 43

Kompetenz. Während die EI angeboren ist, bezieht sich die Emotionale Kompetenz auf erworbene Fähigkeiten und Kenntnisse. Somit kann man die EI als Potential zum Erwerb emotionaler Kompetenzen verstehen. EI kann also durch Lernen und Erfahrungen in beruflich relevante Fähigkeiten transformiert werden.[49]

Goleman (2001) differenziert vier verschiedene Bereiche von Emotionalen Kompetenzen. Der erste Bereich, die „Selbstwahrnehmung", ermöglich einer Person die eigenen Gefühle wahrzunehmen und einzuschätzen bzw. zu interpretieren. Der zweite Bereich, das „Selbst-Management", geht u. a. mit Kompetenzen, wie Selbstkontrolle, Gewissenhaftigkeit, Anpassungsfähigkeit und Leistungsbereitschaft einher. Der dritte Bereich, das „Sozialbewusstsein", beinhaltet v. a. empathische Fähigkeiten. Das „Beziehungs-Management" stellt den vierten Bereich dar und bezieht sich auf kommunikative Kompetenzen und Teamfähigkeit.[50]

Im Folgenden soll auf die Bedeutung der Emotionalen Kompetenzen nach Goleman (2001) im Rahmen der Teamzusammenstellung und des Teambildungsprozess eingegangen werden. Da der Begriff „Emotionale Intelligenz" nur das Potential zum Erwerb Emotionaler Kompetenzen darstellt, wird im anschließenden Kapitel vorzugsweise der Ausdruck „Emotionale Kompetenzen" verwendet.

3.2 Emotionale Kompetenzen im Team

Teams sind „[…] künstlich geschaffene Gruppen mit dem Ziel eine Aufgabe zu lösen […]."[51] Ein Team unterscheidet sich von anderen Gruppenformen in dem Punkt, dass alle anderen Merkmale einer Gruppe dem Aspekt der Aufgabe untergeordnet sind.[52] Im Folgenden soll nun auf die Bedeutung Emotionaler Kompetenzen im Rahmen der Teamzusammenstellung und anschließend des Teambildungsprozesses eingegangen werden.

Da die Teamleistung neben der Aufgabe und dem Umfeld v. a. von der Zusammensetzung des Teams abhängig ist, spielt die Teamzusammenstellung eine enorm wichtige Rolle.

---

[49]   Vgl. Zehetner (2019), S. 54
[50]   Vgl. Goleman (2001), S. 28
[51]   Becker (2016), S. 7
[52]   Vgl. Becker (2016), S. 20

Das Ziel der Teamzusammenstellung ist die Ausrichtung der Eigenschaften eines Teams auf die Anforderungen, die sich aus der Aufgabe und dem Umfeld ergeben. Nach Becker (2016) müssen bei der Teamzusammenstellung verschiedene Aspekte berücksichtigt werden, z.B. die Anzahl der Personen, die Kompetenzen der Teammitglieder oder die Persönlichkeitsstruktur der Mitglieder eines Teams.[53]

Laut Becker (2016) gibt es bestimmte Kompetenzen, welche sich besonders positiv auf die Teamleistung ausüben, die sog. Teamkompetenzen. Dazu zählen Intelligenz, ein crossfunktionales Grundverständnis, T-Kompetenzen, generalistische Kompetenzen, kommunikative und soziale Kompetenzen, sowie Selbstständigkeit und Eigenverantwortung.[54] Beim Vergleich dieser Teamkompetenzen mit den Emotionalen Kompetenzen nach Goleman lassen sich einige Überschneidungen feststellen:

Die kommunikativen Kompetenzen lassen sich dem Kompetenzbereich „Beziehungsmanagement" einordnen, welcher zudem die Fähigkeit zur Zusammenarbeit beinhaltet. Soziale Kompetenzen werden durch den Bereich „Sozialbewusstsein" abgedeckt. Selbstständigkeit und Eigenverantwortung ähneln Kompetenzen wie Leistungsbereitschaft, Gewissenhaftigkeit, Zuverlässigkeit oder Selbstkontrolle und könnten somit unter den Bereich „Selbstmanagement" fallen. Zusammengefasst lässt sich festhalten, dass die emotionalen Kompetenzbereiche nach Goleman (2001) einen Teil der Teamkompetenzen umfassen. Daraus kann abgeleitet werden, dass Emotionale Kompetenzen bei der individuellen Teamzusammenstellung unbedingt berücksichtigt werden sollten.

Ein neu zusammengestelltes Team durchläuft zunächst verschiedene wichtige Phasen, bevor es erfolgreich funktionieren kann. Dieser Prozess der Teambildung wird auch Teamentwicklung genannt. Tuckman (1965) erarbeitete bezüglich der Teamentwicklung ein Modell, welches in der ursprünglichen Form insgesamt vier Phasen beinhaltete: (1) Forming, (2) Storming, (3) Norming und (4) Performing.[55]

In der Anfangsphase (Forming) sind die Teammitglieder weder der Aufgabenstellung noch den anderen Gruppenmitgliedern vertraut. Deshalb ist diese Phase meist von Unsicherheit, höflicher Distanz aber auch von positiven Erwartungen geprägt und dient v. a. der Orientierung. Nach dieser Kennenlernphase folgt die Konfliktphase (Storming).

---

[53]   Vgl. Becker (2016), S. 45
[54]   Vgl. Becker (2016), S. 57
[55]   Vgl. Tuckman/Jensen (2010), S. 43-47

Teammitglieder haben meist unterschiedliche Ziele und Werte, sodass sich schnell Unstimmigkeiten und Konflikte ergeben. In der folgenden Normierungsphase (Norming) bildet sich erstmals ein Gefühl des Zusammenhalts. Es wird ein Weg gefunden Konflikte langfristig zu lösen, sodass verstärkt kooperiert wird und die Rollen der verschiedenen Teammitglieder akzeptiert werden. Die Arbeitsfähigkeit der Gruppe steigt deshalb enorm an. In der letzten Phase, der Arbeitsphase (Performing) liegt der Fokus auf der Aufgabenbewältigung und auf dem gemeinsamen Ziel. Eine Arbeitsatomsphäre, die von Anerkennung, Akzeptanz und Wertschätzung geprägt ist, führt schließlich zu einer erfolgreichen Zusammenarbeit.[56]

Emotionale Kompetenzen spielen insbesondere in diesen Phasen vor der eigentlichen Arbeitsphase eine wichtige Rolle. Zu jedem Kompetenzbereich werden im Folgenden Beispiele genannt, die die Bedeutung einzelner emotionaler Kompetenzen in den Phasen der Teambildung veranschaulichen.

Zum Bereich „Selbstwahrnehmung" zählt u. a. die Fähigkeit, die eigenen Gefühle und ihre Auswirkungen auf die eigene Leistung zu verstehen und damit besser umgehen zu können. Diese Kompetenz der emotionalen Selbstwahrnehmung ist besonders wichtig, um die eigenen Stärken und Schwächen zu erkennen.[57] In den verschiedenen Phasen der Teamentwicklung kann dies z. B. dazu beitragen sich seiner Rolle im Team bewusster zu werden und erleichtert damit insgesamt die Teamarbeit. Der Bereich „Selbst-Management" beinhaltet u. a. die Kompetenz „emotionale Selbstkontrolle". Besonders in der Konfliktphase kann es von großer Bedeutung sein, wenn die Teammitglieder teilweise sehr stressigen Situationen ausgesetzt sind. Eine weitere Kompetenz ist die Anpassungsfähigkeit. In Kombination mit der emotionalen Selbstkontrolle ergibt sich beispielsweise die Fähigkeit die persönlichen Bedürfnisse zurückzustellen und eine offene Haltung gegenüber neuen Informationen und Ideen zu haben.[58] Dieser Sinn für das übergeordnete Gruppenziel kann bei der Überwindung der Konfliktphase ausschlaggebend sein. Empathische Kompetenzen aus dem Bereich „Sozialbewusstsein", ermöglichen es darüber hinaus die Gefühle und Bedürfnisse der anderen Teammitglieder zu verstehen. Daraus ergibt sich die Fähigkeit soziale Hierarchien und Muster zu

---

[56]   Vgl. Schmedding (2011), S. 17;
Vgl. Wilson (2010), S. 2-3
[57]   Vgl. Goleman (2001), S. 6
[58]   Vgl. Goleman (2001), S. 7

erkennen und z. B. Konfliktsituationen objektiv einschätzen zu können.[59] Die wichtigste Rolle spielt der Bereich „Beziehungs-management", welcher die Kernkompetenz der Kommunikation beinhaltet. Kommunikative Fähigkeiten sind in jeder Phase der Teamentwicklung notwendig, z. B. beim Austausch von emotionalen Informationen oder beim Finden von Kompromissen in der Normierungsphase.[60]

Laut Goleman (2001) ist erfolgreiche Teamarbeit von der Summe der EI aller Teammitglieder abhängig.[61] Zusammenfassend lässt sich demnach festhalten, dass Emotionale Kompetenzen im Rahmen des Teambildungsprozess als Grundvoraussetzung für erfolgreiche Teamarbeit gesehen werden können. Insbesondere mit Bedacht auf Kernkompetenzen, wie Anpassungsfähigkeit, Empathie und Kommunikation, wird die Bedeutung der EI im Team bewusst.

3.3 Kritische Auseinandersetzung mit dem Konstrukt der EI

Ein erster kritischer Aspekt des Konstrukts der EI, ist der Begriff „Emotionale Intelligenz", da er u. a. aufgrund seiner Mehrdeutigkeit und Überlappung mit anderen Theorien irreführend ist. Nach Schuler (2003) wird die Bezeichnung, welche unangebrachter Weise auf Intelligenz hinweist, nur zur Aufmerksamkeitsförderung missbraucht und gesellschaftspolitisch instrumentalisiert.[62] Weber und Westmayer weisen zudem darauf hin, dass selbst Salovey und Mayer (1993) Überlappungen mit dem Begriff der intrapersonalen Intelligenz festgestellt haben.[63] Zu einer gewissen Unübersichtlichkeit führt außerdem, dass allgemein zwei verschiedene Bedeutungen der EI existieren. Es beschreibt einerseits fähigkeitsbasierte emotionale Kompetenzen, welche z. B. mithilfe des MSCEIT erfasst werden sollen. Zum anderen stellt es ein diffuses Mischkonstrukt emotionaler Kompetenzen dar, welches verschiedene Persönlichkeitsmerkmale umfasst, die allesamt in keinem Zusammenhang zur Intelligenz stehen.[64]

---

[59]   Vgl. Goleman (2001), S. 8
[60]   Vgl. Goleman (2001), S. 9
[61]   Vgl. Goleman (2001), S. 10
[62]   Vgl. Schuler (2003), S. 139
[63]   Vgl. Weber/Westmeyer (1999), S. 5
[64]   Vgl. Neyer/Asendorpf (2018), S. 169

Die genannten Überlappungen des Konstrukts mit anderen Theorien, wirft des Weiteren die Frage nach der Notwendigkeit bzw. Nützlichkeit der EI als eigenständige Theorie auf. Verschiedene Autoren behaupten, dass die dargestellten Ergebnisse des Konzepts bereits durch verschiedene andere Intelligenz- und Persönlichkeitskonstrukte abgedeckt werden können, und die EI somit nur eine Vermengung von in der Psychologie schon bekannten Erkenntnissen darstellt.[65]

Ein weiterer ernster Kritikpunkt bezieht sich auf die Wissenschaftlichkeit des Konstrukts. Den Protagonisten der EI wird eine unwissenschaftliche bzw. pseudowissenschaftliche Vorgehensweise und Argumentation vorgeworfen. Ein Argument für diesen Vorwurf ist z. B. die zweifelhafte und als unangemessen vereinfacht betrachtete Verortung der EI in bestimmte Hirnarealen nach Goleman (1999).[66] Schuler (2003) behauptet überdies, dass für die Thesen der EI keine empirischen Belege vorliegen, und Protagonisten der EI diesen Fakten mit Ignoranz entgegentreten. Somit verweist Schuler das Konzept EI in den Bereich der Ideologien.[67]

Auch in Bezug auf die Erfassung der EI mithilfe verschiedener Fähigkeitstest, lassen sich Defizite feststellen. Oftmals werden Erfassungsmethoden, wie der MSCEIT als unzureichend valide und reliabel eingestuft, sodass bisher allgemein akzeptiert Methoden zur Erfassung der EI fehlen.[68] Die erfolgreiche Verbreitung des Konzepts durch Goleman, wird insbesondere darauf zurückgeführt, dass die EI mit persönlicher und gesellschaftlicher Nützlichkeit versehen wurde, um das populäre Interesse zu wecken.[69]

Zusammengefasst lässt sich sagen, dass das Konzept der EI von vielen Seiten stark kritisiert wird. Das Konzept wird zwar häufig als irreführend, irrelevant und pseudowissenschaftlich bezeichnet, doch besteht trotz dieser Defizite insgesamt ein großes populäres Interesse an der EI.

---

[65] Vgl. Landes/Steiner (2017), S. 75;
Vgl. Schuler (2003), 139
[66] Vgl. Sieben (o. J.), S. 26-27
[67] Vgl. Schuler (2003), S. 139
[68] Vgl. Neyer/Asendorpf (2018), S. 169;
Vgl. Weber/Westmayer (1999), S. 3
[69] Vgl. Weber/Westmayer (1999), S. 6

Anlagen

Anlage 1:   Subtypen der Schizophrenie

F20.0	paranoide Schizophrenie
F20.1	hebephrene Schizophrenie
F20.2	katatone Schizophrenie
F20.3	undifferenzierte Schizophrenie
F20.4	postschizophrene Depression
F20.5	schizophrenes Residuum
F20.6	Schizophrenia simplex
F20.8	sonstige Schizophrenie
F20.9	Schizophrenie, nicht näher bezeichnet

Quelle: eigene Darstellung in Anlehnung an Dilling/Freyberger (2019), S. 91

Anlage 2:   Verlaufsbilder der schizophrenen Störung

F20.x0	kontinuierlich
F20.x1	episodisch, mit zunehmendem Residuum
F20.x2	episodisch, mit stabilem Residuum
F20.x3	episodisch remittierend
F20.x4	unvollständige Remission
F20.x5	vollständige Remission
F20.x8	sonstige
F20.x9	verlauf unklar; Beobachtungszeitraum zu kurz

Quelle: eigene Darstellung in Anlehnung an Dilling/Freyberger, H. (2019), S. 91

Anlage 3:   Vereinfachte Darstellung der primären und sekundären Einschätzung im Emotionsentstehungsprozess

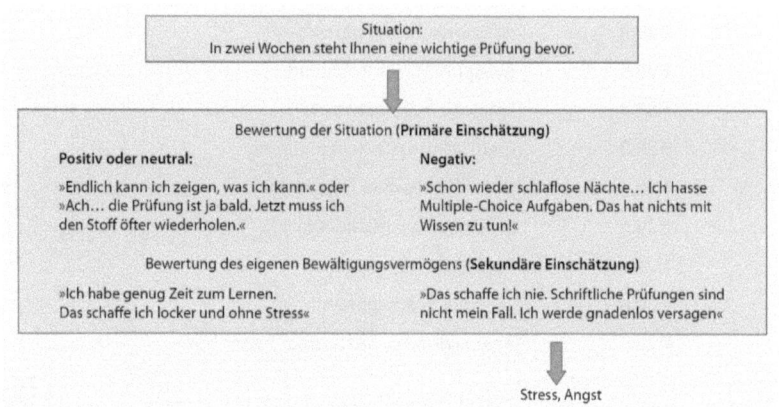

Quelle: Brandstätter, V. et al. (2018), S. 215

Anlage 4:

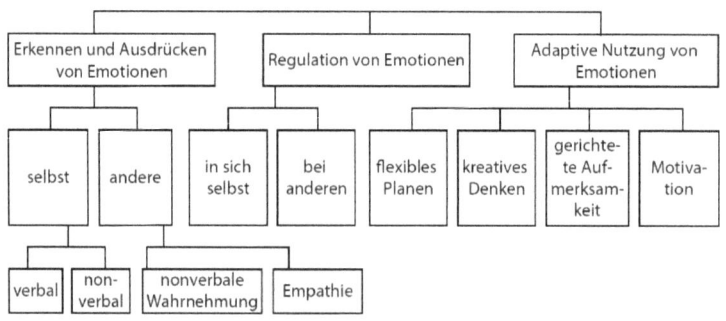

Quelle: Bosley/Kasten (2018), S. 42

Literaturverzeichnis

Asendorpf, J. B. (2019), Persönlichkeitspsychologie für Bachelor, 4. Auflage, Berlin.

Bak, P. M. (2019), Lernen, Motivation und Emotion, 1. Auflage, Berlin.

Becker, F. (2016), Teamarbeit, Teampsychologie, Teamentwicklung, 1. Auflage, Heidelberg.

Becker-Carus, C./ Wendt, M. (2017), Allgemeine Psychologie, 2. Auflage, Berlin.

Bosley, I./ Kasten, E. (2018), Emotionale Intelligenz, 1. Auflage, Berlin.

Brandstätter, V./ Schüler, J./ Puca, R. M./ Lozo, L. (2018), Motivation und Emotion, 2. Auflage, Berlin.

Caspar, F./ Pjanic, I./ Westermann, S. (2018), Klinische Psychologie, 1. Auflage, Wiesbaden.

Dilling, H./ Freyberger, H. J. (2019), Taschenführer zur ICD-10-Klassifikation psychischer Störungen, 9. Auflage, Bern.

Dilling, H./ Mombour, W./ Schmidt, M.-H. (2015), Internationale Klassifikation psychischer Störungen, 10. Auflage, Bern.

Dilling, H./ Mombour, W./ Schmidt, M.-H./ Schulte-Markwort, E. (2016), Internationale Klassifikation psychischer Störungen, 6. Auflage, Bern.

Gerrig, R. J. (2018), Psychologie, 21. Auflage, Halbergmoos.

Goleman, D. (2001), An EI-Based Theory of Performance, In: Cherniss, C. & Goleman, D. (2001), The Emotionally Intelligent Workplace, 1. Auflage, San Francisco, S. 27-44.

Landes, M./ Steiner, E. (2017), Führen in und mit Emotionen, In: Von Au, C. (Hrsg.), Eigenschaften und Kompetenzen von Führungspersönlichkeiten, 1. Auflage, Wiesbaden, S. 65-90.

Lexikon zur beruflichen Teilhabe (2018), Allgemeiner Arbeitsmarkt, https://www.rehadat-bildung.de/de/lexikon/Lex-Allgemeiner-Arbeitsmarkt/, abgerufen am 04.03.2020.

Lazarus, R. S. (1991), Emotion and Adaption, New York.

Lazarus, R. S. (1999), Stress and Emotion, New York.

Lazarus, R. S./ Folkman, S. (1984), Stress, Appraisal and Coping, New York.

Neyer, F. J./ Asendorpf, J. B. (2018), Psychologie der Persönlichkeit, 6. Auflage, Berlin.

Salovey, P./ Mayer, J. D. (1990), Emotional Intelligence, In: Imagination, Cognition, and Personality, Band 9, 1990, S. 185–211.

Schmedding, D. (2011), Teamentwicklung in studentischen Projekten, in: Böttcher, A., Ludewig, J. (Hrsg.), SEUH 2011, München.

Schreiner, M. (2017), Teilhabe am Arbeitsleben, 1. Auflage, Wiesbaden.

Schachter S./ Singer, J. E. (1962), Cognitive, social, and physiological determinants of emotional state, Psychological Review, 69, S. 379-399.

Schuler, H. (2002), Emotionale Intelligenz – ein irreführender und unnötiger Begriff, Zeitschrift für Personalpsychologie, 3, 138-140, Göttingen.

Sieben, B. (o. J.), Emotionale Intelligenz: Die Tücken eines Trends, Berlin.

Staedmann, K. (2015), Arbeiten mit Schizophrenie, 1. Auflage, o.O.

Tuckman, W. T./ Jensen, M. A. (2010), Stages of Small-Group Development Revisited, Group Facilitation: A Research and Applications Journal – Number 10, https://www.staff.science.uu.nl/~daeme101/Stages%20of%20Small-Group%20Development%20Revisted.pdf, abgerufen am 2020.

Weber, H./ Westmeyer, H. (1999), Emotionale Intelligenz – Kritische Analyse eines populären Konstrukts, https://literaturkritik.de/public/rezension.php?rez_id=190, abgerufen am 03.03.2020.

Wittchen, H.-U./ Hoyer, J. (2011), Klinische Psychologie & Psychotherapie, 2. Auflage, Berlin Heidelberg.

Zehetner, H. (2019), Emotionale Intelligenz und Verkaufsperformace, 1. Auflage, Wiesbaden.

BEI GRIN MACHT SICH IHR WISSEN BEZAHLT

- Wir veröffentlichen Ihre Hausarbeit,
  Bachelor- und Masterarbeit

- Ihr eigenes eBook und Buch -
  weltweit in allen wichtigen Shops

- Verdienen Sie an jedem Verkauf

Jetzt bei www.GRIN.com hochladen
und kostenlos publizieren